力尽き筋トレ

石本哲郎

光文社

はじめに

僕はパーソナルトレーナーとしてたくさんのかたを指導してきました。
そのなかで感じたこと。それは、一般のかたはそもそもダイエットやボディメイクをがんばらなくてもすごく困るわけではないので、仕事や生活に追われるなかで、どうしてもモチベーションを保ち続けるのが難しいのです。
疲れていたり、めんどくさいと感じただけですぐにやめてしまうし、ちょっとがんばってみたけどなかなか結果が出ないと嫌になる。
でも、気持ちはやっぱり健康でキレイであり続けたい、変わりたい、それがみなさん共通の願いですよね。

この書籍ではそういったズボラさんにどうしても成功してほしいという思いのもと、僕の今までの指導経験で得た知識をフルに使い、ラクなのにちょっとやるだけでもやたら効果のあるエクササイズを集めてみました。
やるとやらないでは大違い。
少しやるだけでも十分前進することができます。そう、1日ほんのちょっと、数分です。
この書籍を参考にして、健康的に絞られたイイ体を手に入れられるよう、応援しております！
今日もがんばった自分を褒めてあげましょう！

石本哲郎

力尽きたときの この本の

あなたの今のHPは？

5%
あるかないか……

・とりあえず横になりたい
・ごはんも食べる気力がない
・もうこんな時間だ！

PART 1 へ。

布団の上で本書を
読んでイメトレ！
布団の上でできるトレーニ
ングをして早く寝よう。

20%
くらいしかない……

・今日は頭は疲れたけど運動量は
少なかったなぁ
・ごはんも食べたし家で
ゆっくりしたい
・寝る支度をしてテレビでも見たい

PART 2 へ。

テレビでも見ながら
部屋のなかでできる
簡単トレーニングを。

活用法

今、あなたの体力（HP）はどれくらい？
ヘトヘトのときでも大丈夫。必ずできるトレーニングが見つかります。今日もお疲れさまです！

60％ほど残っている！

・少し体に良いことを何かしたいな
・今日は体をリセットしたい
・少し運動しておふろにゆったり浸かりたい

→ PART 3へ。

自炊でヘルシーな食事をして2～3つトレーニングをチョイスしよう。

80％以上！まだまだ今日は元気

・今日は早く仕事が終わった！
・休日だけど何をしようかな♪
・最近、暴飲暴食してしまった……！

→ PART 4へ。

たまには自分を追い込んで自分磨きDayにしよう！

ズボラの極意 7

①
まずは「なりたい体」を想像しよう

まずは「こんなスタイルになりたい！」という体を想像してみましょう。その体になったら絶対にいいことしか待っていません。憧れの人の写真や、画像を携帯に入れて頭に焼き付けるのもあり。

②
家で過ごすときは、常に動きやすい服でいよう

家で過ごすときは、過ごしやすくて、トレーニングをすぐにでも始められるラクな格好でいると、わずかなやる気のときでも動くことができます。いつでもエクササイズ！

③
疲れていたら、3分だけでもいいからがんばろう

疲れていても、3分くらいならがんばれる……そう思いませんか？　本書では3分どころか、1分でできるトレーニングもたくさんご紹介しています。数分の努力が成功につながるのです！

というか、**細かいコトは気に**

④

グッズやウエアなど、形から入るのもよし！

トレーニンググッズやウエアを買って身の回りに置いておくと、自然とやる気も湧くもの。お気に入りのものを選んで、モチベーションを上げていきましょう。

⑤

ゆるゆるでいいから。1ヶ月！まずは続けてみよう

ゆるゆるでも、やっていればやらないより確実に効果は出ます。「意味ないや」と思う気持ちを捨てて、まず1ヶ月は続ける決意を。

⑥

人と比べない！やった自分を毎回褒めよう

人と比べて、やっぱり自分には程遠い……と思うのはやめましょう。やった自分はやらない自分より前進しているのです。褒めてあげましょう。自分の体は自分だけのものですから。

⑦

できない日があっても気にしない。そこでやめちゃ、ダメ!!

できない日があったから、トレーニング終了〜ではありません。そんな日もあります。1日で台無しにはなりませんから、今日は体を休めたと思って、明日また動かしてみましょう。

しない。いいから、やろう！

Contents

PART 1

残りのHP

5%

一

読むだけトレーニングと布団でできるトレーニング

もうダメだ今日は限界……寝る！
せめてそれなら寝ながら行えるトレーニングを。
それくらいならできるはず。そしてその前に……
読むだけトレーニングで正しい知識をつけて、
効率を上げましょう。

HP5%のときのトレーニングのとり入れ方

その1

まずは「読むだけ」！
頭にしっかり運動の極意と
食の知識をたたき込んで
マインドコントロールすべし！

成功するマインドとは！

読むトレ
10か条

▼

p.13〜

食事の知識を身につけよう

自炊
読むトレ
3か条

▼

p.23〜

外食
読むトレ
3か条

▼

p.26〜

コンビニ
読むトレ
3か条

▼

p.29〜

読むトレ 1

ゼロと100は全然違うけど
ゼロと1だって全然違う。
まずは1やってみよう。

はじめから、ウエアを用意して、ジムに入会して、メニューを組んで、毎回100やろうと思うと、まぁ気が重いですよね。でも、とはいえ、やらなければゼロです。1でもいいから、今日から始めてみる……そのモチベーションが大事！　明日仕切り直そう、ではなくて、今日1つでもいいからやって、それから1日を終えましょう。

5%

読むトレ

2

何もしなければ人間の体は「何もしない」に適した体に。つまりダルダルになる。

人間の体は自然と、環境や生活習慣に基づいて変化するようにできています。これを「競技特異性」と言います。例えば、サッカー選手が日々のトレーニングにより足の筋力が発達する、水泳選手の肩幅が広くなる、というのは競技特異性によるもの。つまり、逆に何もしない人の体はダルダルになるのが当たり前！　何かすれば、必ず変わるのです。

読むトレ

3

どんなに嫌々やっても、効果は得られる。やってしまえば「やってよかった」と必ず思えるからがんばろう。

どんなにトレーニングがダルくても、面倒くさくても、やり方さえ間違えてなければ必ず効果は得られます。そして、いざやってしまえば絶対に「やってよかった」という達成感が得られます。あとは、慣れです。まずは最初の1週間、歯を磨くのと同じくらいの習慣だと思ってがんばりましょう。

読むトレ

4

簡単に体が変わったといって
テレビやSNSに出てくる人は、
そもそも体が変わりやすい人。
変わりにくい人だって当然いる。
自分と成果を比べて諦めない。

Before Afterの写真が衝撃的な人や、「努力しないでやせました！」というテレビやSNS上の記事は、加工の技術や撮り方がうまい、もしくは、もともと遺伝子レベルで効果の出やすい体質の人。自分とは違うんだと割り切って、比べないことです。代謝が低い人もいれば、代謝がもともと高い人もいます。ベースは違えど、プラスアルファ努力することで、誰でも、理想の体に近づくことは可能です。

読むトレ

5

トレーニングには休みが大切。
休憩が効率を上げる！
そう、休んでいいんです。
明日休んでいいなら
がんばれそうでしょ？

トレーニングって、がむしゃらに毎日やればやるほどいいわけではありません。１日休んだことで罪悪感にかられるのも間違い！　トレーニングをしたら、きちんと「回復」＝体を休ませることこそ効果につながるのです。傷ついた筋肉や神経を休ませることで、むしろ運動効果が上がるのです。休んでまた次の筋トレをする、このくり返しを心がけましょう。休む日はストレッチなど、「気持ちのいいこと」をするとさらに◎。

5%

読むトレ

6

「やせ方はわかってるけど、やらないからやせないのよね～」は、結局やせ方をわかってない。言い訳を探していませんか？

「まだ始めていないだけ」「やればできる」は、言い訳です。本当に体をつくりたい、やせたい、というのが重要視されていない証拠。自分に合ったトレーニングでないから、やらないのでは？　まずは「これならやれる」を見つけてみましょう。人間は、つらいことほどやらなくても済む理由を見つけて甘えてしまいがち。まずは、ダラダラでもズボラでも、マイペースに1ヶ月続けてみましょう。努力は裏切りません。

読むトレ

7

間違った知識でいくらがんばっても意味がない。ダイエットが続かない根性なしさんほどダイエットの知識を頭にたたき込むべし！これが近道！

ダイエットとは、必ずどこかで努力をしなければならないという事実。それを知ったうえで、効率のよいやり方をおぼえて挫折を防ぐことが近道なのです。ダイエットに必要なことは「行動力」「根性」「努力」「知識」などたくさんありますが、がんばってこの「知識」の部分を身につけると、努力や根性の量を減らすことができます。

5%

読むトレ

8

女性は年齢が上がるごとに少しずつキレイにやせる難易度が上がる。つまり、今日が一番やせやすい。一刻も早く始めちゃおう。

女性はもともと男性より筋肉がつきにくく、さらに年齢を重ねるごとに代謝は落ちていきます。時間軸は一方向に進むようにできていますから、今日より明日、明日よりあさってはどんどんやせにくいコンディションになっていくもの。先送りにしてもいいことはありません。始めるなら今でしょ！

読むトレ

9

男性の「体が変わらない」は、ただの努力不足か食いしん坊。もともと男性のほうがやせやすい体ですから。やればできるはず！

男性は女性に比べて筋肉がつきやすく、代謝も高い、筋肉をつけて体格を大きく見せてもいい部分が多い、ホルモンの乱れが少ない、など、ボディメイクやダイエットに有利な体のつくりになっています。こんなに条件がいいのですから、やらない手はありません。やせないのは、知識不足やただの努力不足、食べすぎだ！　と素直に受け入れ、今日から少しずつでもがんばってみましょう。

5%

読むトレ

10

急激なダイエットは若いうちだけ。「老け」を促進させないように、ゆっくり体を変えるつもりで気長にやっていきましょ。

十代の頃って、がむしゃらに食事制限や有酸素運動をすればグッとやせたりしませんでしたか？　でも、歳を重ねて同じことをしようとすると、逆に筋肉がすぐに落ちて、やせないうえにダルダルの体になる結果を招いてしまうことに……これが「老け」を促進させる原因にも……。筋トレで代謝を維持しながら、有酸素運動と食事管理を組み合わせ、ゆっくりペースで続けることを心がけると、キレイな体づくりができるはずです。

自炊 読むトレ 1

お肉と魚と卵は
必ずどれか1品入れるべし！
タンパク質大事！

1日の総タンパク質量は、女性なら60g以上、男性なら80g以上を目指しましょう。それには、1食のうち、肉、魚介、卵を1品は入れることを心がけて。できれば、肉は脂肪少なめの種類を選び（鶏肉なら胸かささみ、牛肉ならヒレやモモ）、例えば鶏肉は皮をはがす、脂の多い豚肉なら脂肪をカットする、などのひと工夫も大切です。

5%

自炊読むトレ

2

ラクしたいなら、正直サプリと野菜ジュースを味方につけるのが手っ取り早い。栄養価の計算は難易度高いですからね。

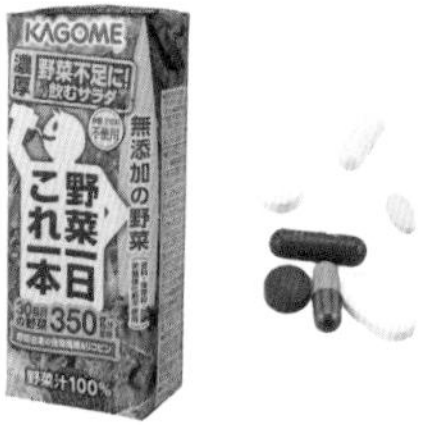

バランスのよい食事を、と言っても、野菜に含まれるビタミンやミネラルをいちいち計算するのはプロでも大変！　保存状態や季節のもの、有機栽培か否かなどで含有量がまちまちであることも考えると、正確な計算は不可能です。もちろん野菜を摂ることは食物繊維の摂取などの利点もあり大切ですが、一定量のビタミンやミネラルの摂取を目指すならば、サプリメントや甘くない野菜ジュースに頼るのが確実。

自炊読むトレ

3

卵はほぼ完全栄養食！
1日1個でなくて大丈夫。
積極的に摂りましょう。

卵は1日1個まで、などと言われることもありますが、卵は毎食、1日3個食べてもOKと言えるほど、ほぼ完全栄養食。タンパク質のみならず、ビタミンやカルシウム、葉酸、鉄なども豊富。食物繊維とビタミンC以外のすべての栄養素を含んでいるのです！　タンパク質のなかでも毎日摂りたい食材、と頭に入れておきましょう。

5%

外食 読むトレ 1

常にカロリーを検索するクセづけを。文明の利器に頼って、スマホですぐ検索！

だいたいの食材のカロリーがなんとなーく、わかるようになると、外食で太らないチョイスができます。でも、いきなり数値を頭にたたき込むのは無理ですよね。今は、スマホで検索すればだいたいの食材やメニューのカロリーが一瞬でわかる、便利な時代です。検索するクセづけさえできれば、あとはラクラク♪　カロリーとタンパク質量を重視しながら、バランスよく食べるのがポイント。

外食読むトレ

2

外食に大正解はないと思うべし！たとえ焼き魚定食でも、完食すればけっこうなハイカロリーです。

そもそも、外食で完璧なダイエットメニューというのはかなり選択肢が少ないと思ってください。例えばヘルシーそうに見える焼き魚定食でさえ、サブのおかずやこんもりと盛られた白いごはんをプラスしていくうちに、そこそこの高カロリーになってしまうものです。わりきったうえ、せめてタンパク質が多いものを選ぶなど工夫しながら、他の食事を含めた１日のトータルで栄養バランスやカロリーを考えるようにして。

5%

外食読むトレ

3

自分の食べたいものは2択、3択候補を出した中から正解に近いほうを決めることを意識する。

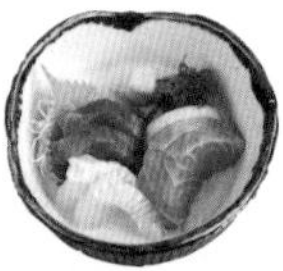

まず、ストレスをためないためにも最低限自分が食べたい気分のものを選ぶのは大事。ここで、1つではなく3つくらい候補を出します。例えばトンカツ、唐揚げ、刺身定食が挙がったとします。そのなかで、どれがなるべく正解に近いかな？　という選びかたをしてみましょう。ここでもスマホで栄養価を検索してみると、決断しやすいでしょう。石本的大正解は刺身定食！　基本的な考えかたは、カロリーが多いか少ないか、たんぱく質が多いか少ないかで判断しましょう。

コンビニ 読むトレ 1

コンビニはダイエッターの強い味方。「体に悪い」の概念を捨て、選びかたを工夫すればダイエット食に早変わり。

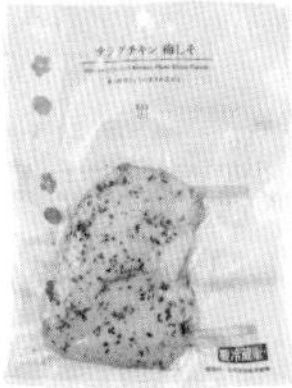

コンビニのものは保存料や添加物が気になる……というイメージをお持ちのかたも多いかもしれません。もちろん毎食自炊で栄養バランスを整えられれば良いですが、忙しい現代の人にはそうもいかないことも多いはず。近年のコンビニ食は、保存料や添加物もかなり抑えられているうえ、ほぼすべての商品にカロリーやタンパク質、炭水化物の表記があり、ダイエット向きなメニューもたくさん開発されています。これは使わない手はありません！

コンビニ読むトレ

2

食品成分表はここを見よ。親切に記載があるのがコンビニ食材のやさしさ。

栄養成分表示 1本(200ml)あたり

エネルギー	99kcal
たんぱく質	9.2 g
脂　質	5.1 g
コレステロール	0 mg
炭水化物	4.1 g
食塩相当量	0.04 g
カリウム	388 mg
カルシウム	22 mg
マグネシウム	45 mg
鉄	1.4 mg

では、食品成分表ってどこを見ればいいの？というかたも多いはず。まず、まっ先にチェックしたいのは「エネルギー（カロリー）」。次にタンパク質量。１食に女性は20g、男性は25g以上を目指しましょう。そして、糖質量もチェック。糖質は「まったく摂らない」ではなく、運動する日は適度に、しない日や出歩かない日は少なめを意識して。「糖質」という表記がない場合は、「炭水化物」のところを見ると、ほぼ糖質量に近い数値がわかります（炭水化物＝糖質＋食物繊維の数値ですが、食物繊維は微量なので、炭水化物≒糖質と考えてOKでしょう）。

5%

コンビニ読むトレ

3

というわけで、コンビニのおすすめメニューを把握すべし。

コンビニにおける、おすすめメニューは意外とたくさんあります。例えばサラダチキン、サラダ、スープ、ゆで卵、納豆、焼き鳥、おでんなど。おでんは厚揚げ、卵、こんにゃく、しらたき、大根など選べる具材の種類が豊富で飽きがこないので◎。どうしても揚げ物が食べたいときは、ささみなどせめてタンパク質が豊富な食材を選びましょう。

おすすめのコンビニ食べ合わせ術

では、具体的にコンビニでどのように組み合わせて買ったらいいか。
おすすめの組み合わせをご紹介します。

朝ごはんやランチに

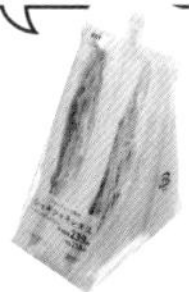

＋

＋

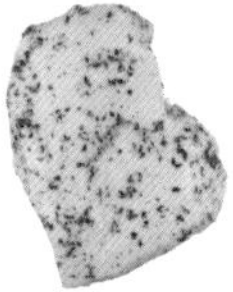

サンドイッチ

必ず裏面の食品成分表を見るべし。おすすめは、200kcal前後で脂質よりたんぱく質が多いもの。

スープ

スンドゥブやポトフ、野菜スープなど、具だくさんのスープを。おなかを満たしたかったら春雨スープも◎。

サラダチキン

いろいろな味つけで出回っています。タンパク質がたっぷり摂れ、低カロリー低糖質の優れもの！

おなかを満たしたいとき

＋

＋

＋

玄米おにぎり

玄米や雑穀米、もち麦などのものを選びましょう。食物繊維が摂れるので腸内環境改善に効果あり。

サラダ

海藻や葉物野菜がメインのサラダを選びましょう。ドレッシングもノンオイルなどのヘルシーなものを。

みそ汁

湯を注ぐタイプのみそ汁やカップスープ、チンして食べる具だくさんスープを。おなかが満たされます。

ヨーグルト

タンパク質の多いギリシャヨーグルトを組み合わせるのがおすすめ。味は好きなものを選んで0K。

夜食や軽食に

＋

＋

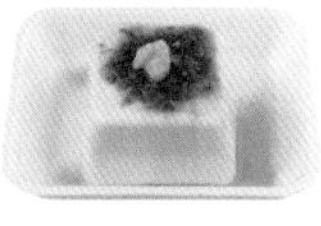

おでん

具は、こんにゃく、しらたき、大根、卵、はんぺん、がんも、つみれ、こぶなどがおすすめ。

サラダ

サラダチキンをトッピングしても。サラダのかわりに、スティック野菜や枝豆、野菜ジュースなども◎。

冷やっこ

植物性タンパク質豊富なとうふは優秀食材！　しょうゆを少量に控えれば、カリウム効果でむくみ解消に。

家飲みするなら

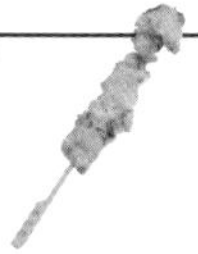

＋

＋

＋

＋

焼き鳥

焼き鳥はタンパク質がチャージでき、食べごたえもあるのでおすすめ。タレ・塩の差はさほどないので好みのものを。

枝豆

タンパク質もそれなりに摂れて優秀。居酒屋でとりあえず食べておきたいメニューNo.1。

ゆで卵

卵はほぼ完全栄養食！おなかにもたまるのでどんなときに組み合わせてもOKです。

チーズ

おつまみコーナーではナッツ、あたりめなども選んでOK。低糖質ですがカロリーがあるので食べすぎには注意して。

納豆

納豆は乳酸菌やタンパク質など体にいいこと尽くし。毎日でも食べてほしい優秀食材。

飲み物はこれを選ぼう

無調整豆乳

1パックでタンパク質が約10g摂れるうえに、イソフラボンも摂取できる。

水

ダイエット中の摂取量は少ないより多いほうが◎。1.5ℓ～2ℓが目標。

野菜ジュース

みなさんが思っている数倍、健康に良い。積極的に飲んでOK。

コーヒー

飲みすぎ禁物ですが、実は朝や運動前に飲むと代謝がアップするので◎。

糖質ゼロビール

ビールは糖質やカロリーが気になりますが、選べるなら糖質ゼロのものを。

ハイボール

ウイスキーは糖質ゼロ。お酒の中ではいちばんおすすめ。

焼酎

焼酎も糖質ゼロなので、適量を楽しんでOK。割り物は注意して、お茶や炭酸を。

HP5%のときのトレーニングのとり入れ方

その2

どんなに疲れていてもできる！
究極！「布団の上でトレーニング」
これくらいはやって寝るべし。

とにかく横になりたい！　そのくらい疲れていてもできるトレーニングを考えました。すごく簡単な運動なのに、そのまま寝るよりはるかに効果があります。0と1の差はたかが1に見えますが、コツコツ積み上げていくことで10にも100にもなるはずです。

POINT

- どれか1つでもいい！
- できるならば、複数やってみて。
- 寝る前でも起床後でもOK。
- 途中で寝てしまってもいいからとにかくやってみて！

ちょっとでも動かすことでむしろ疲れがとれやすくなる！

アイコンの説明

筋トレ

筋肉強い負荷をかけることで、基礎代謝をアップさせる働きや、脂肪を分解する働きを持つホルモンが分泌される。筋肉量が増えることで、見た目に引きしまった、「太りにくい体質」に。

有酸素

代表的な有酸素運動はジョギングや水泳、サイクリング、ウォーキング、踏み台昇降など。部屋の中でもできる本書の有酸素運動は必見。

ストレッチ

意図的に筋や関節を伸ばし、筋肉の柔軟性を高め、血流を促進する。筋トレや有酸素運動によって溜まった疲労物質や、日常生活での老廃物を、血行の循環によって回復することができる。

筋トレ　有酸素　ストレッチ

5%

ジタバタするだけでも意外と効果があるんです！

Batabata Hands and feet

手足バタバタ

用意するもの

なし

どのくらい？

力尽きるまで

効果

・消費カロリーUP　・むくみ改善

・手足の疲労緩和

1

手と足をブンブン、ジタバタと、だだっ子のように振り回す。意外と消費カロリーが高い。電車のつり革くらいにしか手を伸ばさない人、やってみて。

決まりはナシ。とにかく、
ふだんやらないような動きをやってみよう！

5%

あえて苦しくなるまで息をとめる、
斬新なトレーニング

Hold your breath

息とめチャレンジ

用意するもの

なし

どのくらい？

力尽きるまで×２セット

→セット間の休けいは30秒

効果

・心肺機能強化　・血流改善　・持久力UP

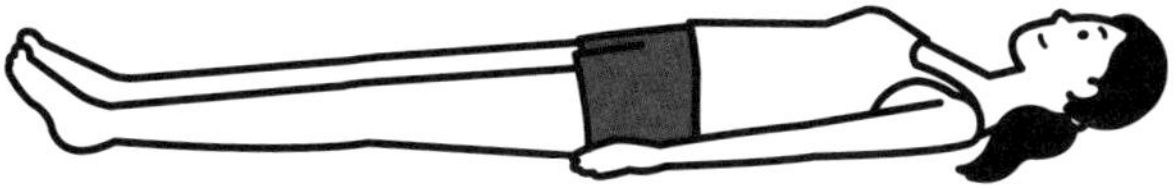

1

大きく息を吸って、息をとめ、限界がきたら一気に息を吐く。30秒～1分休んでもう1セット。

あえて苦しくなるまで息をとめる、斬新なトレーニング。

筋トレ　有酸素　ストレッチ

5%

寝転んだままでできる！
ポッコリおなか、撃退運動！

Draw-in and isometric

ドローイン＆アイソメトリック

用意するもの

なし

どのくらい？

①を5回＋②×2セット

→セット間の休けいは1分

効果

・下っぱら対策　・くびれ作り　・腰痛予防

1

おなかをへこませながら息を思いきり吐く。吐ききったらおなかをふくらませながら息を吸う。これを5回くり返す。

2

「もう嫌だ」と思うほどぐっとおなかに力を入れたまま、30秒間キープ。呼吸は止めなくてOK。

②で力を入れるときに手で腹筋を触って意識すると効果的。

5%

ストレッチの中で最も重要なのはおしりと言っても過言ではない！

Stretch your hips

おしり ストレッチ

用意するもの

なし

どのくらい？

左右30秒ずつ×2セット

→セット間の休けいは30秒

効果

・ヒップアップ　・脚やせ　・ひざや腰の痛み改善

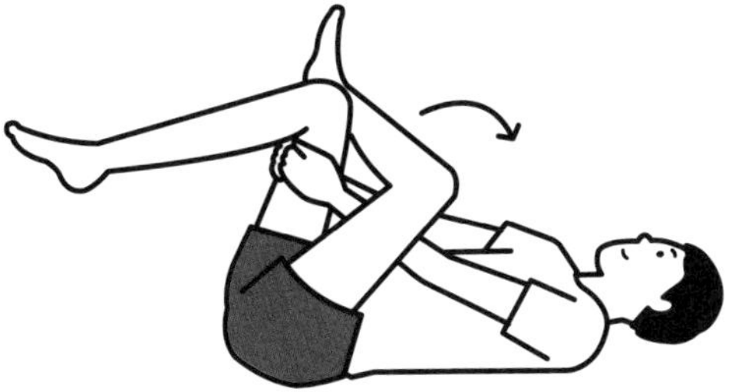

1

寝転んだ状態で左足を右ももにかけ、右脚を持って胸に引き寄せる。左のおしりの筋肉が伸びるのを感じて。反対のおしりも同様に行う。

気持ちよければ
ゆらゆら揺れながらやっても。

5%

1度やるだけで効果を感じる、即効性の高いストレッチ！

Stretch your quads

前もも ストレッチ

用意するもの

なし

どのくらい？

左右30秒ずつ×2セット

→セット間の休けいは30秒

効果

・脚やせ（特に太もも）・O脚改善 ・むくみ改善

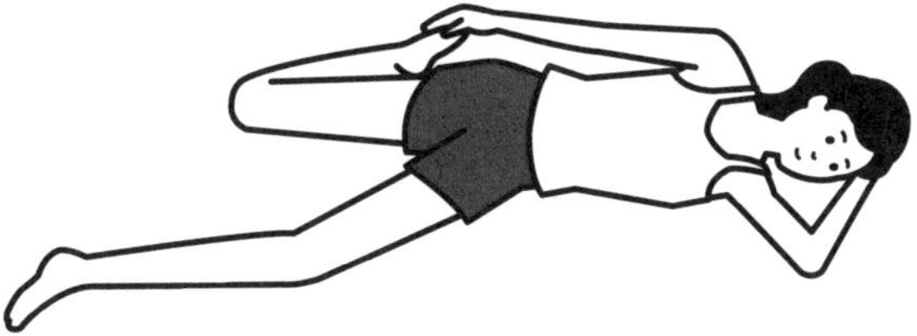

1

左向きで寝そべり、右手で右の足のつま先を持っておしりにかかとをつけるように引っ張る。前ももの筋肉が伸びていることを意識する。反対の足も同様に行う。

伸ばすときに腰を絶対に反らせない。
めちゃくちゃ猫背で行うこと!

ゆるいけど健康効果バツグン！

Yuruyuru plank

ゆるプランク

用意するもの

なし

どのくらい？

1分

効果

・体幹強化　・腰痛予防　・日常生活がラクに

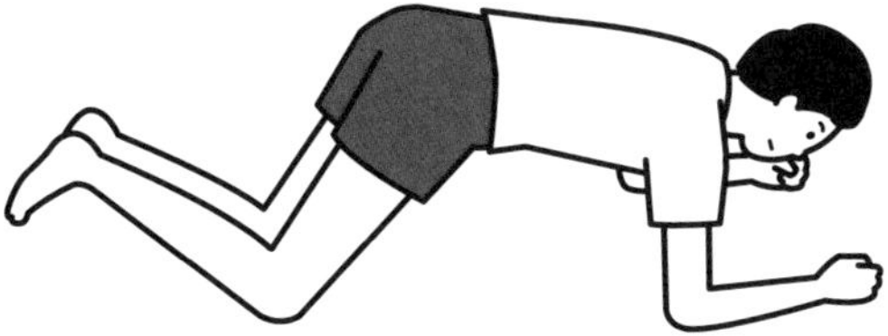

1

床にひじとひざをつけて、そのままキープ。1分耐える。

プランクはひざとひじが近づけば近づくほどラク。最初は近めからスタートし、がんばれそうなら遠めにしてみよう。

5%

上半身の柔軟性と筋力UPを同時に狙えるお得な種目！

Yuru-reverse plank

ゆるリバースプランク

用意するもの

なし

どのくらい？

1分

効果

・猫背改善　・デコルテライン美しく　・二の腕やせ

1

座った状態でひざが自然な角度で曲がるように足を床につけ、手は指先がおしりのほうに向くように置いてひじを伸ばす。胸を張ってそのままキープ。両ひざ同士はくっつけない。

限界まで胸を張って、あごを上げるとさらに効果的。

下半身の筋トレをするなら
必ずとり入れたいストレッチ！

Pose like a flog

カエル
ストレッチ

用意するもの

布団またはやわらかい敷物

どのくらい？

30秒×2セット

→セット間の休けいは30秒

効果

・股関節の柔軟性UP　・脚やせ　・下半身筋トレの効果UP

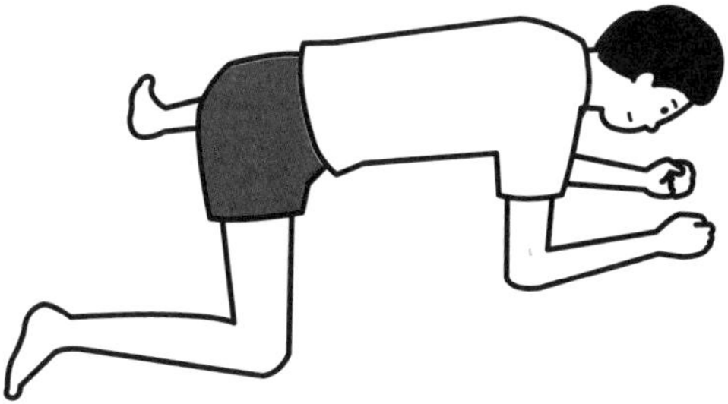

1

開脚してひざをつき、ひじもついてカエルのようなポーズをとり、キープ。余裕があれば前後左右に体を揺らして。

つま先は外側に向け、ガニ股に。
ひざが痛くなりやすいので必ず布団の上で。

Column

乳酸菌をプラスして腸美人に！

乳酸菌を摂ると何に良い？

乳酸菌は腸内環境を整えてくれる効果があることで知られる「善玉菌」で、微生物（菌）の総称です。乳酸菌を定期的に摂ると腸内が酸性に保たれ、「悪玉菌」と呼ばれる悪いはたらきをする菌の増殖を抑えてくれます。腸内の善玉菌が増えて整腸作用が活性化するのは、便通の改善や、美肌にも効果的！　また、乳酸菌が体にもたらす効果は、整腸作用のほか、コレステロールの低減作用、免疫力を高める、老化の予防などたくさんあります。

乳酸菌は何に含まれる？

乳酸菌は、ヨーグルト、ぬか漬け、キムチ、チーズ、乳酸菌飲料、サラミ、生ハム、明太子、塩辛、アンチョビ、納豆、パン、みそ、しょうゆ、甘酒などに多く含まれます。手軽に食べやすいヨーグルトや納豆で毎日摂取できるとよいでしょう。食事の際は発酵食品を積極的に摂るように意識すると、乳酸菌をチャージすることができます。サプリメントで補うのも確実なのでおすすめです。

いつ摂るのが効果的？

乳酸菌は継続的に摂取することが重要。食べ物や飲み物で乳酸菌を摂取しても、いつまでも腸内に留まってはたらき続けてくれるわけではありません。新たに乳酸菌を摂取しても、その菌はいずれ腸内から出ていってしまうと言われているのです。そのため、毎日コンスタントに摂取することが大切。僕のおすすめは、カレースプーン山盛り１杯のヨーグルトを必ず食前に食べる習慣をつけること。気軽にできるので、ぜひ実践してみましょう。

タンパク質を多く摂りながらビタミン・ミネラルをサプリや
野菜ジュースでチャージする、ということを頭に入れたらもうひとつ。
乳酸菌の摂取も意識してみましょう。

ヨーグルトの選びかた

タンパク質をチャージしたいとき

▼

**ギリシャヨーグルトなどの
タンパク質量が多いものを**

ギリシャヨーグルトやグリークヨーグルトの名で呼ばれる種類は、タンパク質が豊富。食感はかためで食べごたえがあり、腹持ちも◎。クリームチーズのような濃厚さ。

腸内環境を整える目的のとき

▼

**「ビフィズス菌」「乳酸菌」の
表記のあるものを**

各社からさまざまな商品が出ているのでパッケージを確認してみましょう。ドリンクタイプもあり、スーパーやコンビニで売られているので手軽に摂取して。

\ 乳酸菌のエサになるから /

食物繊維も腸内環境に◎

食物繊維の多い食材

- 根菜類
- 海藻類
- 寒天
- 納豆
- ごま
- おから
- きのこ類
- もち麦など
- オートミール

PART 2

残りのHP

20%

ワンルームでもOK！
畳一畳トレーニング

「自分の部屋では狭いから、トレーニングなんてできない。
下に響くと近所迷惑になる」そんなの言い訳！
マンションでもできるトレーニングがあります。
筋トレ・ストレッチ・有酸素運動を15個ご紹介。

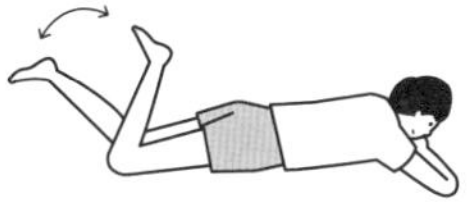

HP20%のときのトレーニングのとり入れ方

「疲れていて、
今日は1つくらい
しかできない」

優先順位は

筋トレ　ストレッチ　有酸素

基本的に筋トレは１つは
チョイスしよう。

「あと1つくらい
動けるかも」

筋トレのあとに
ストレッチをして
ほぐしてから寝ましょう。

「自分は体がかたいのが気になる」

▶ **痛くても、積極的にストレッチを行ってみよう。**

「今日は運動量が少なかった！」

▶ **まず有酸素運動を！そのあと、できたらストレッチも加えてみましょう。**

「昨日はおなかの筋トレをがんばった！」

▶ **今日は脚に効く筋トレにチャレンジしてみよう。**

このように、部位を変えながら集中的にトレーニング！

大きい筋肉を一気に鍛えられる
効率の良いトレーニング!

Chair Squat

チェア スクワット

用意するもの

イス

どのくらい?

1分×2セット

→セット間の休けいは1分

効果

・ヒップアップ ・下半身筋力強化 ・裏ももセルライト対策

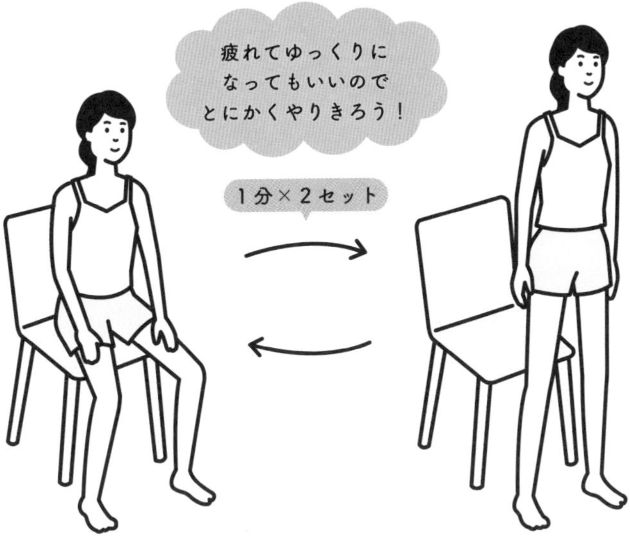

1

イスに座って背筋を伸ばし、
両足を肩幅より少し開いて
つま先を軽く外側に向ける。

2

そのまままっすぐ立ち上がり、また座る。これをくり返す。

立ち上がるのがキツいときは、
両手をひざについてもOk。

腕立て伏せが嫌い!? ならこれしかないでしょ！

Palm push

パーム プッシュ

用意するもの

イス

どのくらい？

1分×2セット

→セット間の休けいは1分

効果

・バストアップ　・デコルテライン美しく　・姿勢改善

1

イスに座って背筋を伸ばし、胸の前で両手を合わせる。顔を前に向けたまま合わせた手を左右真横に動かす。

疲れてきても、猫背になったり
ひじが下がったりしないように。

低くても段差を作ることで
単なる足踏みよりもはるかに効果的！

Super low step training

超低い
踏み台昇降

用意するもの

5〜10cm程度の段差

どのくらい？

5分以上×2セット

→セット間の休けいは30秒

効果

・消費カロリーUP　・体力UP　・運動不足解消

1

5~10cmぐらいの段差で5分間ひたすら踏み台昇降。左足→右足（段差にのる）、左足→右足（段差から降りる）をひたすらくり返す。

踏み台がない場合は玄関の段差や、いらない雑誌や段ボールを重ねてしっかり縛ったものなど、滑りにくい段差なら何でもOk。

たかが片足立ちと思っていませんか？　1分続けると意外と効きます！

One-leg standing

つかまって片足立ち

用意するもの

壁か柱

どのくらい？

左右1分ずつ×2セット

→セット間の休けいは1分

効果

・体幹強化　・日常生活がラクに　・転倒予防

1

左手で壁や柱に手をつき、左足のかかとに体重をかけて右足を浮かせる。左脚のひざを軽く曲げ、キープ。同様に反対も1分行う。

イラストのように、上体を少し前に倒そう。

動きはシンプルなのにスタイル改善の効果バツグン！

Fall in & pull your elbows

前へならえ&ひじ引き

用意するもの

イス

どのくらい？

1分×2セット

→セット間の休けいは1分

効果

・猫背改善　・二の腕やせ　・デコルテライン美しく

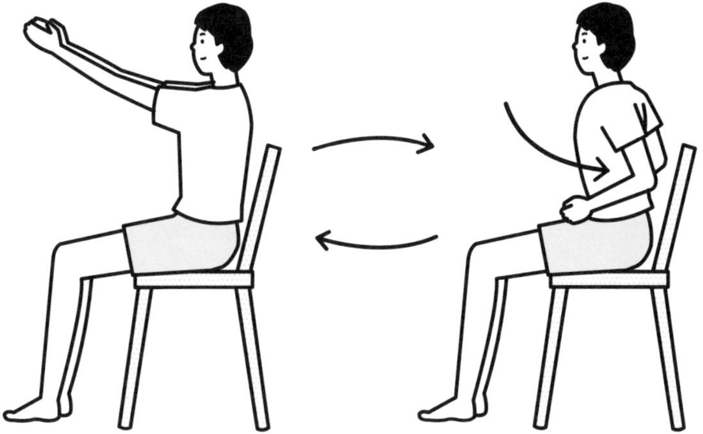

1

背筋を伸ばしてイスに座り、両手のひらを内側にした状態で前に伸ばす（前へならえ）。

2

両手の幅と向きはそのままに、ひじを斜め下にできるだけ引いて胸を張る。これをくり返す。

常に胸を張って腰を反った姿勢で行うとなおよし。

この1種目だけで
体の裏側を一気に鍛えることができる！

Let's challenge Superman!

スーパーマン
チャレンジ

用意するもの

ヨガマットやマットレス

どのくらい？

1分

→セット間の休けいは1分

効果

・背中の筋力UP　・ヒップアップ　・腰痛改善

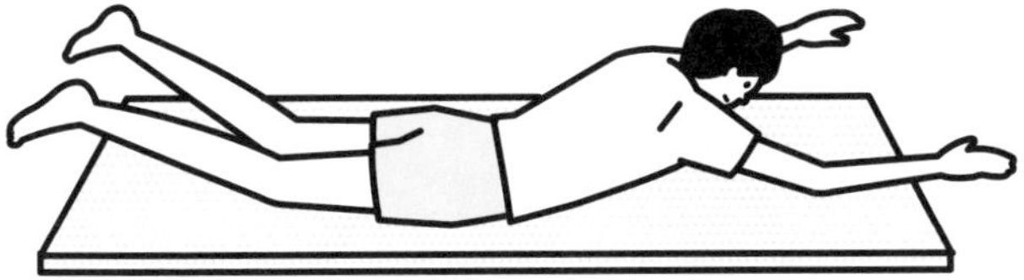

1

うつぶせになって両手両脚を適度に開いて伸ばす。そのまま両手両脚を床から浮かせる。その状態で1分間キープ。

1分キープがむずかしければ途中で休けいを入れてもOkなので、1分間続けてみよう!

ふだんあまり使わない二の腕の筋肉。
こうして動かすだけでもその効果は十分！

Sitting arms kickback

座って腕キックバック

用意するもの

イス

どのくらい？

1分×2セット

→セット間の休けいは1分

効果

・二の腕やせ

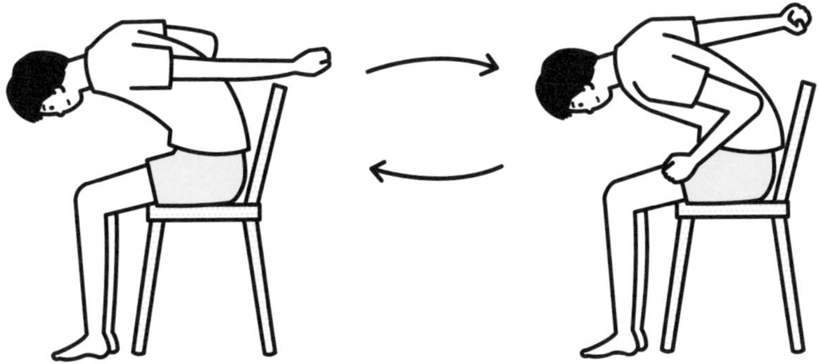

1

イスに座って背筋を伸ばしたまま上体を倒し、左腕を後ろへ伸ばす。このとき、ひじをできるだけまっすぐ伸ばす。右腕は軽くひじを曲げて体の横へ。手は力を抜いた状態でグーにする。

2

左腕を曲げ、今度は右腕を後ろにまっすぐ伸ばす。リズミカルに、左右交互にひじ曲げを1分間くり返す。

なるべく上体を倒したまま行うのが効果的。

脚を引きしめるにはまず内ももから！　しっかり追い込んで。

Adduction to hold your hands

手をはさむ アダクション

用意するもの

イス

どのくらい？

30秒×2セット

→セット間の休けいは1分

効果

・内ももの引きしめ　・O脚改善　・外もものハリ改善

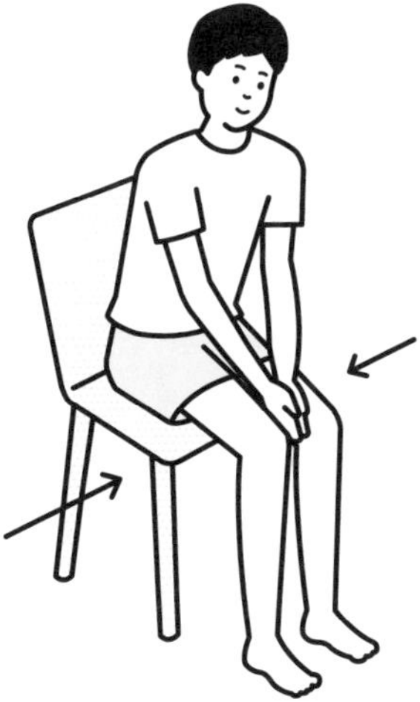

1

イスに座り、両ひざの間に両手を合わせてはさむ。内ももの力を使って両脚で両手をぎゅっとはさみ込み、全力で30秒キープ。

目線は常に手を見ると
内ももに力が入りやすいよ。

顔にだって筋肉はある！
ふだん顔を動かしていない自覚のあるかたは積極的に！

Turn your tongue round and round

舌回し

用意するもの

なし

どのくらい？

20回×2セット

→セット間の休けいは1分

効果

- 小顔効果
- むくみ改善
- ほうれい線をうすく

1

口の中で舌を大きくゆっくりと20回回す。
1分休んだら2セット目は反対方向に回す。

何百回も行うのはかえって逆効果。
1セット20回を全力でやりきろう。

かの有名な、アレ！　意外と考えられた動きでおすすめです（笑）

No matter what you say

そんなの関係ねえ

用意するもの

壁か柱

どのくらい？

左右1分ずつ×2セット

→セット間の休けいは1分

効果

・体幹強化　・消費カロリーUP　・全身の引きしめ

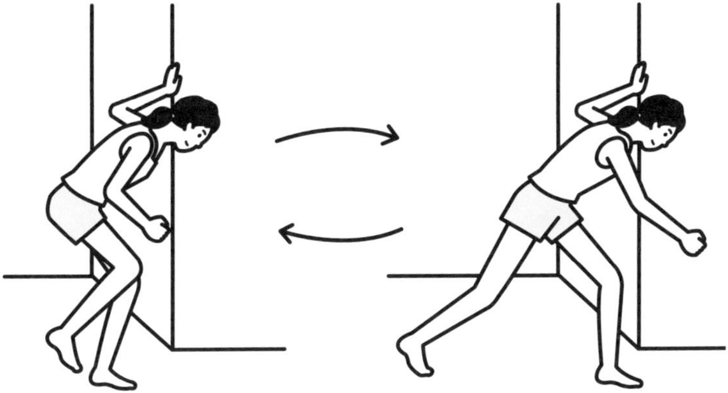

1

左手で壁や柱をつかみ、前かがみになる。右脚を引き上げ、右手を握って前方に出す。

2

右ひじを前に、右脚を後ろに同時にのばし、すぐにまた引き戻す。①→②をリズミカルに1分くり返す。同様に反対側も1分行う。

「そんなの関係ねぇ！」と
言いながらやればさらに消費カロリーUP！？

ストレッチがめんどくさくて1つしかできない日はこちらが1番おすすめ

Chest stretch

壁の角を使って胸ストレッチ

用意するもの

壁

どのくらい？

左右30秒ずつ×2セット

→セット間の休けいは30秒

効果

・小顔効果　・デコルテライン美しく　・猫背改善

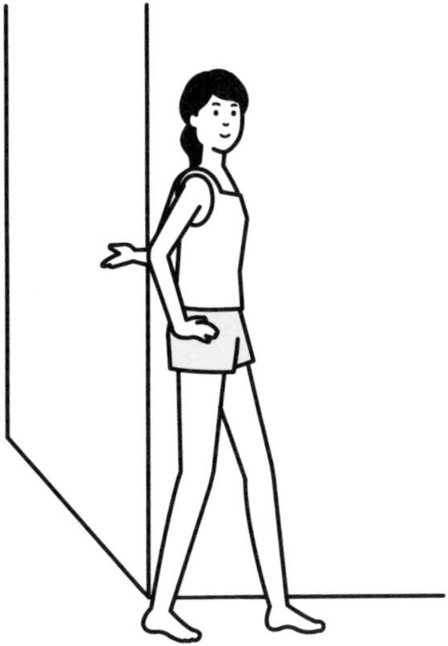

1

壁の角になっている部分に立ち、左手を、手のひらを上に向けて肩より下の位置で、壁に添える。そのまま胸を張って左足を踏み出す。右手は腰にあて、上半身を右に軽く振ってねじり、左側の胸の伸びを感じたところで30秒キープ。反対側も同様に行う。

壁を使って胸を思いきり
伸ばすように意識する。

デスクワーク中でもできるストレッチ。気が向いたときにいつでも行って。

Sitting hip stretch

座って おしりストレッチ

用意するもの

イス

どのくらい？

左右30秒ずつ×2セット

→セット間の休けいは30秒

効果

・ヒップアップ　・脚やせ　・ひざや腰の痛み改善

1

イスに座って左足を右ももの上にのせる。胸を張って常に前を向きながら体を倒し、左側のおしりの伸びを感じたところでキープ。反対側も同様に。

伸びを感じづらい人は胸を
張ることや目線を前に意識して。

脚やせにも良いけど、ふだんひざに痛みを抱える人もやってみて。
おしりのストレッチといっしょにやると、なおgood！

Sitting hip joint stretch

座って股関節ストレッチ

用意するもの

イス

どのくらい？

1分×2セット

→セット間の休けいは30秒

効果

・股関節の柔軟性UP　・脚やせ　・ひざや腰の負担軽減

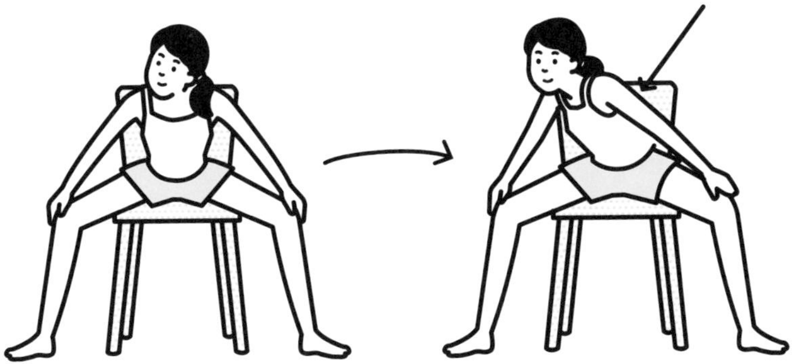

1

イスに座って両足のつま先を外に向け、できるだけ大きく足を開く。両手をひざに置く。

2

左ひざを左手で押してガニ股になるよう、上体は右斜め前に倒す。2～3秒押したら反対へ。これを1分間、左右交互にくり返す。

お相撲さんがシコを踏むイメージで足をしっかり開いて。

普段とらない姿勢をキープして、おとろえた筋肉を強化！

Reverse plank

リバース プランク

用意するもの

なし

どのくらい？

1分

効果

・二の腕やせ　・姿勢改善　・体幹強化

1

両ひざを伸ばして座り、指先がおしりの方を向くようにして手のひらを肩の真下につく。そのままおしりを浮かせ、30秒間キープ。

おしりはなるべく高く上げよう。
しんどいかたは、ひざを曲げてOk。

意外と日常生活で使わないことが多い裏もも。しっかり刺激して！

Leg curl

疲れるまでレッグカール

用意するもの

なし

どのくらい？

最大1分×2セット

→セット間の休けいは1分

効果

・セルライト改善 ・ウォーキングがラクに ・ひざの痛み緩和

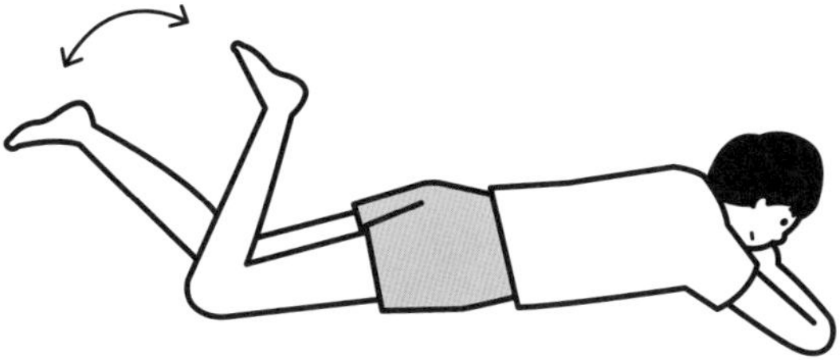

1

うつ伏せで寝転がり、左右交互に、かかとをおしりにタッチするようにバタバタと動かす。

日常生活ではあまり使わない裏ももを刺激できる優秀な種目！

Column

おうちトレーニングの
モチベーションが上がる！

部屋トレアイテム

①

ヨガマット

布団でもできるトレーニングをご紹介していますが、布団だとやわらかすぎて腰が痛くなりそう、という人はヨガマットを使って。くるくると巻いて収納できます。お気に入りを１つ持っているといいでしょう。うすいと関節を痛めやすいので、８mm以上を推奨。

②

腹筋ローラー

腹筋を集中的に強化したい！というときに部屋トレで一番効くのがコレ。ただし腹筋トレーニングの中でも強度がかなり高いので、初心者のかたはひかえめに。ふつうの腹筋が物足りなく感じてきたら、とり入れてみましょう。

③

アブマット

腹筋を鍛えるためのマット。おなかがより伸びて、腹筋の可動域が広がります。安価なものからメーカー品まで多種出回っており、こちらもネットですぐ買えます。バスタオルを２枚ほど腰の下に入れて代用することもできるので、使い心地を試してみて。

筋トレのモチベーションが上がる、使えるアイテムをご紹介します。
様々なグッズがネットなどで簡単に購入できる時代。
僕が実際に指導で使っている便利なアイテムをご紹介します。

4

パワーベルト

トレーニング中、スクワットなど腰に負担がかかる種目のときにおすすめ。腰を痛めやすい人は特に使用したほうがいいでしょう。また、巻くことでウエストが太くなりにくくなります。くびれにこだわりのあるかたはぜひとり入れてみて。

5

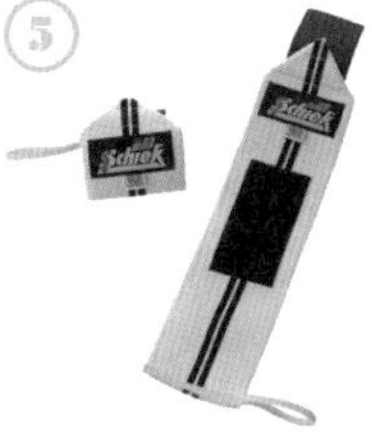

リストラップ

手首を痛めないようにサポートするバンド。もともと手首が細い女性や、負荷を大きくしていったとき、どんなに正しいフォームでも手首が痛くなってしまうというかたにおすすめ。腕立て伏せやリバースプランクに効果的です。

6

プッシュアップバー

腕立て伏せの際、より体を深く沈めて負荷をかけられるので、可動域を広げてトレーニングができます。安定感が増し、効率的に筋肉を強化できるので集中的に筋肉をつけたい男性や、肩や腕に効いてしまうという女性におすすめ。

PART 3

残りのHP

60%

組み合わせてセルフパーソナルトレーニング！畳一畳トレーニング

さらにもう少し強度を上げて、畳一畳でできるトレーニングをご紹介します。筋トレとストレッチ、有酸素運動を組み合わせて2～3個行う目標で。HPが切れるまで、複数個やるべし！

HP60%のときのトレーニングのとり入れ方

基本的に

までセットでがんばろう。

できたら有酸素運動も加えて。
でも、途中でやめてしまうくらいならはじめから
2つにしぼって効率的な運動を！

できたら、

の順にメニューを組んで。

とはいえ、無理せず、どれかひとつでも
やれれば自分を褒めよう。

慣れてきたら

全体的にゆっくり+
1番つらいところで1秒キープ！

例えば…

“ゆるい”などとあなどるなかれ！
消費カロリーはなかなかのもの。

Yuru Burpee

ゆるバーピー

用意するもの

なし

どのくらい？

力尽きるまで

効果

・消費カロリーアップ　・脚の引きしめ
・スタミナUP

1

手足を床についてしゃがむ。

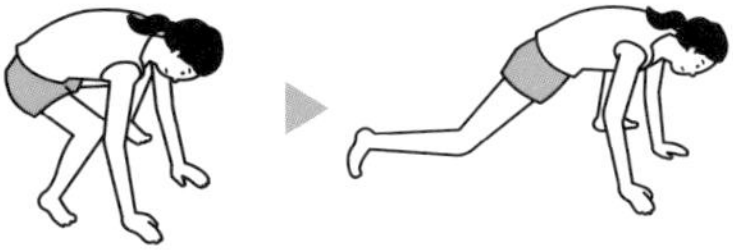

2

右足を斜め後ろに伸ばす。

3

左足を斜め後ろに伸ばし、右足→左足の順で、①の状態に戻る。

4

手で太ももを押さえながら立ち上がる。

5

まっすぐに立つ。1～5をリズミカルにくり返す。

足を開いた状態での
バーピーなので、
消費カロリーが
多いうえに
脚やせにも効果的。

全然できない腕立て伏せより、少しラクな壁腕立て伏せのほうが効果アリ！

Wall push up

壁腕立て伏せ

用意するもの

壁

どのくらい？

1分×2セット

→セット間の休けいは1分

効果

・バストアップ　・二の腕やせ　・姿勢改善

1

胸の高さで壁に両手をつく。このとき手を肩幅より広くつくこと。壁になるべくゆっくりと胸を近づけ、スッと戻す。これを1分くり返す。

慣れてきたら、胸が壁に一番近づいた状態で1秒キープすると効果がさらにアップ。

背中の筋肉を最大限に伸ばして縮める！
これでダンベルなしでも効果大です。

Full range rowing

フルレンジローイング

用意するもの

イス

どのくらい？

1分×2セット

→セット間の休けいは1分

効果

・猫背改善　・背筋強化　・反り腰改善

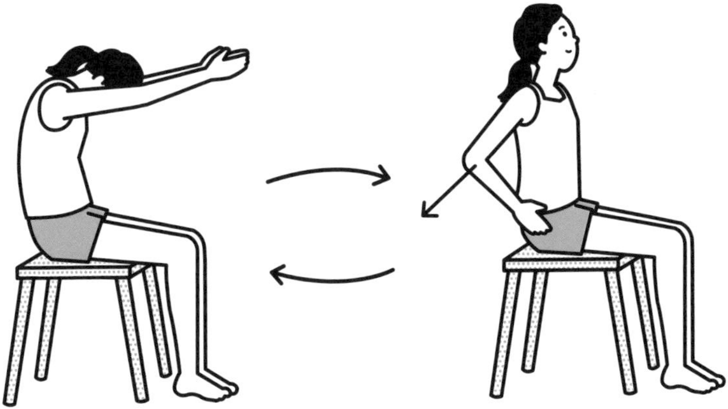

1

イスに座って、前ならえをするように両手を遠くに伸ばし、手と手を合わせる。へそをのぞき込むようにしっかり猫背にして、3秒止まる。

2

上を向きながら、ひじを斜め下に引き、胸を思いきり張る。その状態で3秒とまる。1→2をくり返す。

ひじを引いて胸を張ることで、
肩甲骨が勝手にぐっと寄る。
このとき肩を上げないように注意。

60%

自宅でできる有酸素の定番！
ながらでも効果を得られるのでぜひとり入れて。

Step up and down

踏み台昇降

用意するもの

15cm程度の段差

どのくらい？

5分以上×2セット

→セット間の休けいは30秒

効果

・消費カロリーアップ　・下半身ひきしめ
・ヒップアップ

1

15cmくらいの段差の前に立ち、右足→左足の順でステップにのる。

2

右足→左足の順で、ステップを降りる。これをくり返す。5分たったら、30秒休けいし、2セット目は左右の順番を入れかえて続ける。

大きく腕を振りながらやると、
さらに消費カロリーアップ！

筋トレとしても有酸素としても優秀なトレーニング。
特におなかが気になるかたはぜひ。

Knee to elbow

ニーツーエルボー

用意するもの

なし（もしくはイスに座って）

どのくらい？

1分×2セット

→セット間の休けいは1分

効果

・腹筋強化　・くびれメイク　・ヒップアップ

1

左ひじと右ひざをつけるように、体を丸めながらひねってエルボーし、元の姿勢に戻る。次に右ひじと左ひざをつけるようにエルボーし、元に戻る。これをリズミカルにくり返す。

ひねりを加えることで、
普通の腹筋よりもくびれメイクができる。
慣れてきたら、ひじとひざをくっつけた状態で1秒キープ。

二の腕に強烈な刺激を与えられる種目！

Reverse push up

リバース
プッシュアップ

用意するもの

なし

どのくらい？

1分×2セット

→セット間の休けいは1分

効果

・二の腕やせ　・猫背改善　・体幹強化

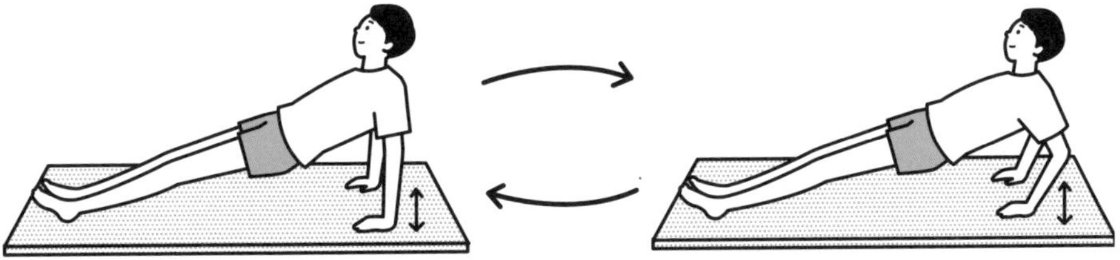

1

足を揃えて軽く伸ばして座る。指先をおしりの方に向け、肩の真下に手をつき、おしりを上げる。ひじの曲げ下げをくり返す。地面におしりがつくと負荷が抜けてしまうので注意！

どうしてもつらい場合は、
おしりを常に床につけた状態で行って。

目を閉じることで、ヒップアップと体幹強化を同時に行うことができる！

Roll your legs with your eyes closed

つかまって
目を閉じて足回し

用意するもの

壁か柱

どのくらい？

左右1分ずつ×2セット

→セット間の休けいは1分

効果

・股関節の動き改善　・体幹強化　・ヒップアップ

1

左手で壁の角や柱につかまり、左足はひざを少し曲げた状態でキープ。目を閉じて右足を浮かせてぐるぐると回す。１分回したら今度は右手でつかまり、左足を回す。２セット目は反対に回す。

回す足のひざの角度は変えないようにすると更に効果的。

ふだん伸ばさない背中を伸ばすと、すごーーーく気持ちいいですよ。

Stretching your back

背中ストレッチ

用意するもの

なし

どのくらい？

左右30秒ずつ×2セット

→セット間の休けいは30秒

効果

・猫背改善　・反り腰改善　・肩トラブル軽減

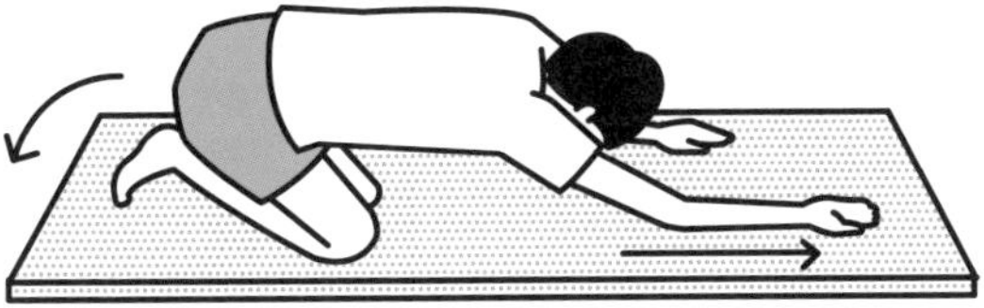

1

両ひざと左手を床についてかがみ、右の手のひらを天井に向けて前に伸ばしできるだけ遠くにつく。背中を丸めておしりを後ろにぐーっと引き、右側の背中や肩全体を思いきり伸ばす。30秒伸ばし、左右をかえて逆サイドも伸ばす。

猫背になればなるほど背中が伸びるよ。

ヒップアップと脚やせを同時に行える最強種目！

Alternative lunge

オルタネイティブランジ

用意するもの

なし

どのくらい？

1分×2セット

→セット間の休けいは1分

効果

- 股関節の動き改善
- ヒップアップ
- 裏もものセルライト対策

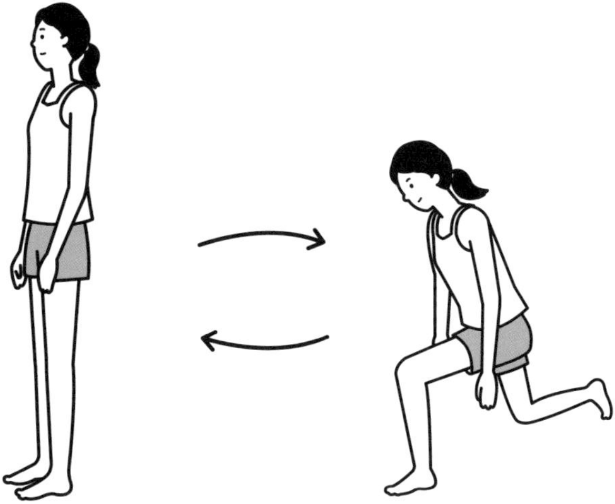

1

両足を揃えて立つ。

2

右足を後ろに引き、右ひざを床にチョンとつけたら左足を踏み込んで1に戻る。次は左足を後ろに引き、左ひざをチョンとついて、1に戻る。これをリズミカルにくり返す。

しゃがむときはゆっくり、立ち上がるときはすばやく！ を意識して。フラつく場合はイスや壁などにつかまりながら行うと◎。

Column

生活習慣で ながらトレーニング

おふろ

湯船に浸かるのは必須ではないが、できれば湯船で温まったほうが◎

湯船に浸かるのは必須ではないですが、温まってしっかりとリラックスすることで、疲れがとれて体がやわらかく、伸びやすくなります。筋トレのあとにおふろで筋肉をほぐしたり、おふろのあとにストレッチをするのも◎。入る際はぬるめのお湯に、15〜20分程度に収めると、副交感神経優位になっておすすめ。睡眠の質を上げたり、むくみ解消に効果のあるバスソルトを使うのも◎。どうせなら無理のない範囲でストレッチをするとよいでしょう。

おふろでできる、ストレッチ

胸《きょう》鎖《さ》乳《にゅう》突《とつ》筋《きん》ストレッチ

小顔、肩こり、ストレートネックなどに効果的。とにかく気持ちよさを味わって。

1 首を横に倒す。

2 首を倒している方向の手を、頭を越えるようにして側頭部に当て、腕の重さをゆっくりと加える。反対側も同様に。

生活習慣のなかでも、なるべくトレーニングに効果的な
過ごしかたを意識してみましょう。
食事はもちろんですが、睡眠や入浴も体を作る大切な時間です。

睡眠

睡眠時間は基本的に長ければ長いほどダイエットには有利！

寝すぎはよくない、などとも言いますが、ダイエットには睡眠時間多すぎくらいがベストです。睡眠時間をたっぷりととると、食欲が収まりやすい、筋肉が作られやすい、精神的にも肉体的にも回復して日常的な活動代謝が上がりやすい、など、いいこと尽くし！　眠り＝筋肉を増やす時間と思って。日常的に「動ける体」でいるためにも、目安としては7時間前後の睡眠を心がけてみましょう。

おすすめのストレッチのタイミング

朝イチよりも夜のほうが筋肉はよく伸びる！

○
- おふろ後
- 運動後
- 寝る前

△
- 朝イチ

PART 4

残りのHP

80%

ちょっぴり
追い込みたい！
ちょいハード
トレーニング

休日や、今日はまだまだ体を動かしたい、という日は、
少しだけハードに。これを続ければ、必ず効果が出るはず。
YouTube®でも人気の、おうち時間を有効に使うことができる
トレーニングをご紹介します。

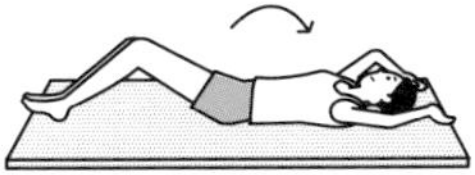

HP80%のときのトレーニングのとり入れ方

基本的に

までセットでがんばろう。

まだまだ
いけるとき！

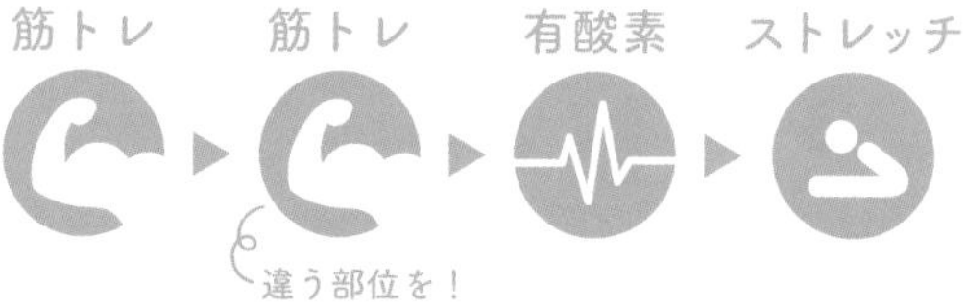

毎日がんばりすぎてダイエットを忘れたくなったら

「今日はオフ日！」と割りきって、心も体もリラックスしましょう。

トレーニングはもともと毎日し続ければ効果が出るというものではありません。むしろ体を休ませることで、トレーニングの効果が活かされます。ネガティブな気持ちで休むのではなく、メリハリをつけて休むときは休んでOK！　ストレッチだけをする、という過ごしかたも効果的。

慣れてきたら

重量をプラスして負荷を加えてみよう

1 ダンベルを持つ(女性なら1～2kg、男性なら3～4kg)

1～2kgのダンベルがないかた
→ペットボトル（500ml）に水を入れて
以下のトレーニングで使ってみよう。

- シーテッドローイング（p.120）
- ネガティブシットアップ（p.124）
- オルタネイティブランジ（p.126）

2 リュックに本をつめ込んで背負う

本などの重たいものを入れたリュックサックを背負って行う。
以下のトレーニングで使ってみよう。

- ひざつき腕立て伏せ（p.118）

80%

上半身の最強筋トレといえば、腕立て伏せ！
ひざつきでもていねいに行えば効果バッチリ。

Push-ups with knees

ひざつき腕立て伏せ

用意するもの

なし

どのくらい？

1分×2セット

→セット間の休けいは1分

効果

・バストアップ　・二の腕やせ　・姿勢改善

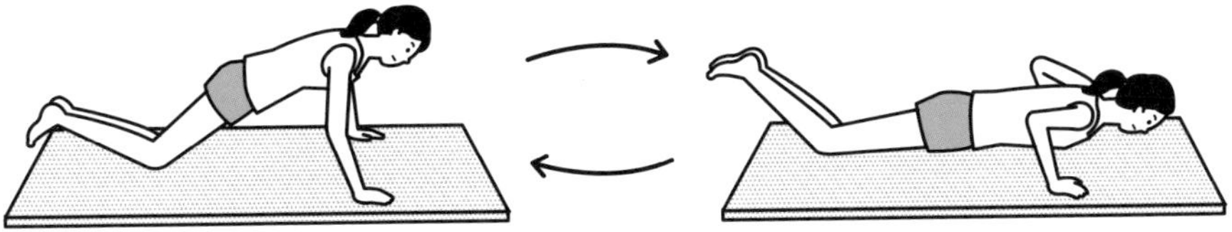

1

床にひざをつき、両手を肩幅より広く広げて肩の横あたりに手を置く。

2

ひざをついたまま、ゆっくりと地面に胸を近づけて、限界がきたらもとに戻る。

つらくなったら浅くしても良いので、
必ず1分続けると、効果はバツグン。

今までに紹介したローイングの中でも強度が高いので、効果バツグン！

Seated rowing

シーテッドローイング

用意するもの

イス

どのくらい？

1分×2セット

→セット間の休けいは1分

効果

・猫背改善　・背筋強化　・反り腰改善

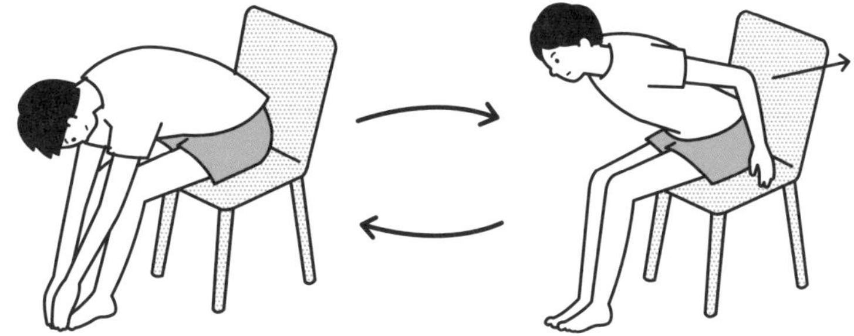

1

イスに座って上半身を倒し、つま先にタッチする。

2

上半身はそのまま、ひじを限界までぐっと引き、胸を張って1秒キープ。再びゆっくりと、1に戻る。これをくり返す。

上体を倒し続けることで背中に効くので、終始体を起こさないようにキープして。

筋トレ　有酸素　ストレッチ

80%

とにかく消費カロリーを稼ぐことが最優先！
スピーディーかつダイナミックに！

High Intensity Interval Training

ゆるHIIT

用意するもの

なし

どのくらい？

1～2分×力尽きるまでセット

→セット間の休けいは1分

効果

・消費カロリー超アップ　・心肺機能強化
・日常的に疲れにくくなる

1

15cmくらいの段差の前に立ち、
右足→左足の順でステップにのる。

2

右足→左足の順でステップを降りる。これをとにかく高速でくり返し、力尽きるまでセットをくり返して！

きつい有酸素と休けいをくり返すことで、短時間でも大幅にカロリー消費できる有酸素運動。キツくても短時間で終わらせたい、という人におすすめ。
ゆるバーピーやダンスなど、有酸素なら何でもOK!

筋トレ　有酸素　ストレッチ

80%

1人でやっても確実に追い込める種目！
腹筋が苦手な人ほどためしてみて。

Negative sit-up

ネガティブシットアップ

用意するもの

なし

どのくらい？

1分×2セット

→セット間の休けいは1分

効果

・くびれ作り　・下っぱら対策　・腰痛予防

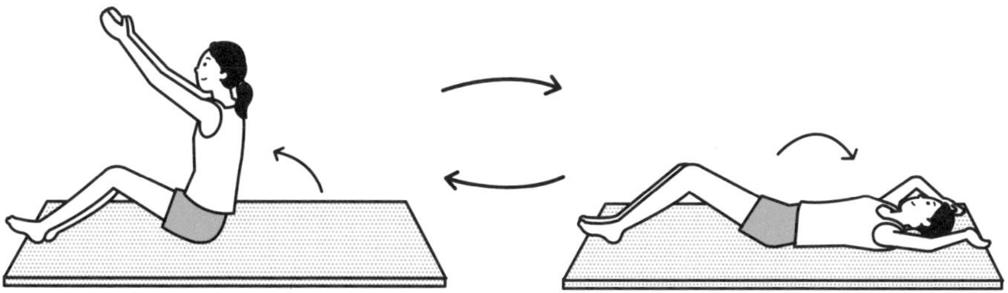

1

ひざを曲げてあお向けに寝そべり、
脚の反動でエイっと起き上がり、
手は前へならえの状態に。

2

ゆーっくりと元の位置に降りてく
る。これをくり返す。

ゆっくり降りれば降りるほど
効果的。余裕があれば手に
ペットボトルを持ってみて。

筋トレ　有酸素　ストレッチ

80%

高さを上げて、強度UP！ ヒップアップ効果バツグンです。

Higher alternative lunge

高さを上げたオルタネイティブランジ

用意するもの

10〜20cm程度の高さの踏み台

どのくらい？

1分×2セット

→セット間の休けいは1分

効果

・股関節の動き改善　・ヒップアップ　・裏もものセルライト改善